W0047431

Kay-Henner Menge
Claudia Schmidt

Bällchen, Klops
und Falscher Hase

Die besten Hackfleischrezepte

Bassermann

Inhalt

▲ Für den Hackfleischteig weichen Sie ein paar trockene Toastscheiben oder altbackene Brötchen mit etwas Wasser oder Milch ein.

▲ Das Hack mit Salz, Pfeffer und eventuell Kräutern würzen, ein Ei und das eingeweichte und ausgedrückte Brot oder die Brötchen dazu geben.

▲ Alles kräftig mischen und mit nassen Händen kleine Bällchen formen.

Kleine Hackfleischschule

Hackfleisch – ein Lebensmittel wird neu entdeckt. Hackfleisch fand sich bisher selten auf den Speisekarten edler Restaurants. Doch immer öfter werden klassische Hackfleischgerichte wie Königsberger Klopse und Tomaten-Hackfleisch-Sauce auch in anspruchsvollen Lokalen serviert. Endlich bekommt Hackfleisch, das so lange ein kulinarisches Schattendasein führte, eine neue Identität! Mit diesem Buch wollen wir Ihnen und Ihrer Familie eine Auswahl aus der vielfältigen Hackfleischküche vorstellen: Klassiker, Altbekanntes in modernem Gewand sowie neue Kreationen.

Ein Allround-Talent

Der große Pluspunkt an Hackfleisch ist, dass es auf so viele verschiedene Arten zubereitet werden kann. Es lässt sich wunderbar mit den verschiedensten Kräutern und den exotischsten Gewürzen verfeinern. Die traditionelle Hausmannskost kommt ohne dieses Fleisch nicht aus und auch in vielen internationalen Speisen findet Hackfleisch Verwendung. Die aus Italien stammende Bolognese-Sauce gehört bestimmt zu Ihrem Kochrepertoire, doch in diesem Buch werden Sie auch viele neue Kochideen finden.

Und nicht nur durch die vielfältigen Möglichkeiten des Abschmeckens besticht Hackfleisch, sondern auch durch den breit gefächerten Einsatz in der Küche. Sie können Köstliches in der Pfanne zubereiten oder aus dem Ofen zaubern. Unter dem Grill können Sie Spieße bereiten, und zu guter Letzt eignet sich Hack wunderbar als Picknick- und Partyspeise, da es herzhaft gewürzt und einmal gegart auch kalt ausgezeichnet schmeckt und gut zu transportieren ist.

Alles geregelt

Die Bezeichnung Hackfleisch stammt aus der Zeit, als das Fleisch noch per Hand mit einem Messer fein gehackt werden musste, weil es keinen Fleischwolf gab. Doch diese Zeiten sind vorbei und inzwischen wird es jeden Tag frisch beim Fleischer oder im Supermarkt angeboten. In Deutschland gibt es mit der Hackfleisch-Verordnung im Lebensmittelgesetz strenge gesetzliche Regelungen, die die Herstellung und den Verkauf von Hack festlegen. Diese Verordnung schreibt unter anderem vor, dass Hackfleisch aus Skelettmuskelfleisch hergestellt werden muss, das sehnenarm ist bzw. von groben Sehnen befreit wurde. Es darf nur ohne Zusatz verkauft werden. Die Verordnung regelt ferner den Fettgehalt der gängigsten Sorten und setzt fest, dass Hackfleisch nur am Tag der Herstellung verkauft werden darf. Nicht ohne Grund, denn da die Oberfläche bei diesem stark zerkleinerten Fleisch sehr groß ist, können sich dort schnell Keime ansiedeln und sich rasch vermehren. Deshalb sollten Sie Hack entweder direkt am Kauftag verarbeiten oder tiefgefrieren.

Kleine Hackfleischkunde

Damit Sie genau wissen, was für eine Fleischsorte Sie gerade zu Hackbällchen verarbeiten, finden Sie im Folgenden eine kurze Warenkunde zu den gängigsten Hacksorten:

Gemischtes Hack (auch **Hack halb und halb**): Es besteht zu je 50 Prozent aus Schweine- und aus Rindfleisch und ist zum Kochen und zum Braten geeignet. Es enthält maximal 30 Prozent Fett.

Tatar (auch **Beefsteakhack** oder **Schabefleisch**): Tatar wird aus fett- und sehnenfreiem Muskelfleisch des Rindes hergestellt. Es darf nicht mehr als 6 Prozent Fett enthalten. Tatar wird oft roh, mit Salz, Pfeffer und Zwiebeln gewürzt, als Brotbelag gegessen.

Rinderhack: Diese Hacksorte ist etwas gröber und fetter als Tatar und darf laut Hackfleisch-Verordnung bis zu 20 Prozent Fett enthalten. Rinderhack können Sie gut kochen und braten.

▲ Das vorbereitete Hackfleisch zu einem Laib formen und Scheiben abschneiden.

▲ Die Füllung in die Mitte der Scheibe geben.

▲ Mit Handfläche und Fingern den Teig um die Füllung herum zu einer Kugel formen.

Schweinehack: Schweinehack darf bis zu 35 Prozent Fett enthalten. Um Gerichte magerer ausfallen zu lassen, wird es meist mit Rinderhack gemischt.

Mett (auch **Hackepeter**): Mett ist grob durchgedrehtes Schweinefleisch, das relativ fett ist. Es ist bereits zubereitet, also vom Fleischer mit Gewürzen und Zwiebeln abgeschmeckt worden.

Schließlich können Sie Hackgerichte auch aus anderen Fleischsorten herstellen, zum Beispiel Kalb- oder Lammhack. Diese Hacksorten werden nicht im Supermarkt angeboten. Wenn Sie damit kochen möchten, sollten Sie bei Ihrem Fleischer einkaufen, er dreht Ihnen das entsprechende Fleisch dann frisch durch.

Geflügel- wie auch Wildfleisch darf aufgrund der Salmonellengefahr im Handel nicht als Hackfleisch verkauft werden. Aber Sie haben natürlich die Möglichkeit, Geflügel- oder Wildhack selbst herzustellen. So können Sie auch einmal in den Genuss von hausgemachten Geflügelfrikadellen kommen.

Aus dem Vorrat

Haben Sie die im Rezept angegebene Hackfleischsorte gerade nicht im Haus? – Kein Problem: Sie können alle Hackfleischsorten gegeneinander austauschen. Wird in der Zutatenliste beispielsweise 500 g gemischtes Hack angegeben, so können Sie stattdessen 500 g Schweinehack verwenden. Berücksichtigen sollten Sie allerdings den unterschiedlichen Fettgehalt der Hacksorten, was Sie durch entsprechendes Reduzieren oder Erhöhen des Bratfetts ausgleichen können. Bedenken Sie jedoch, dass bei einem Austausch der Fleischsorten der oft gewünschte geschmackliche Effekt nicht erreicht werden kann. Für orientalische Gerichte zum Beispiel wird häufig Lammhack verarbeitet, um den charakteristischen Geschmack dieser Speisen zu unterstreichen.

Hack spart Zeit

Hack eignet sich hervorragend für die schnelle Küche.
Denn Gehacktes kann sofort verarbeitet werden. Das
besonders Zeitsparende ist jedoch seine ausgesprochen
kurze Garzeit. Selbst große Hackbraten brauchen lange
nicht so viel Zeit zum Garen wie ein Rinder- oder
Schweinebraten.

Noch schneller geht es natürlich mit vorbereitetem Hack
wie dem Mett. Sogar das Würzen und Vermengen ist hier
bereits erledigt. Für eine Brühe mit Fleischeinlage brauchen Sie das Mett nur noch zu Bällchen zu formen und
in der Suppe gar ziehen zu lassen.

Preiswert und partytauglich

Hackfleisch ist preisgünstig. Sie können also eine leckere
Fleischmahlzeit für Ihre ganze Familie zaubern, ohne
dass dies den Geldbeutel strapaziert. Nicht zu vergessen
sind in diesem Zusammenhang (Kinder-)Feste, die Sie
selbst veranstalten oder zu denen Sie etwas Essbares bei-
steuern möchten! Mit Hackfleisch ist das kein Problem,
es ist überall erhältlich, es ist nicht teuer, die Rezepte sind
meist einfach und können problemlos vervielfacht werden.
Ob Sie nun zum Hackbällchen Pflanzerl, Frikadelle,
Fleischlaiberl, Bulette oder ganz modern Burger sagen –
wir wünschen Ihnen viel Spaß beim Kochen und einen
guten Appetit!

So machen Sie Ihr Hackfleisch selbst

Sie können dazu einen Fleischwolf oder die Küchen-
maschine verwenden. Schneiden Sie das Fleisch in kleine
Würfel und drehen Sie es dann durch den Fleischwolf.
Werden eingeweichtes Weißbrot oder Brötchen für den
Fleischteig mitverwendet, können Sie dieses gleich im
Anschluss im Fleischwolf zerkleinern. Benutzen Sie eine
Küchenmaschine oder einen Mixer, brauchen Sie einen
Schneidstabeinsatz. Zerkleinern Sie die Fleischwürfel
darin portionsweise. Lösen Sie immer wieder Fleisch, das
unzerkleinert am Rand hängen bleibt, und starten Sie die
Maschine erneut, damit Sie ein gleichmäßiges Ergebnis
erzielen.

• Hackfleisch ist nicht lange haltbar

Hackfleisch hat durch das
Zerkleinern eine sehr große,
der Luft ausgesetzte Oberfläche. Dadurch können sich
Keime darauf schnell vermehren und das Hackfleisch kann
rasch verderben. Deshalb sollte Hackfleisch möglichst am
Tag des Einkaufs verzehrt
werden. Im Kühlschrank sollten Sie es nicht länger als
12 Stunden aufbewahren.
Besonders bei Tatar, das häufig
roh als Brotbelag gegessen
wird, sollten Sie auf Frische
achten. Wenn Sie als Binde-
mittel Eigelb an das Tatar
geben, sollten Sie ein sehr
frisches benutzen, um das
Salmonellen-Risiko zu mini-
mieren. Übrigens müssen Sie
nicht zwingend ein Eigelb
dazugeben; der Esslöffel Öl
erfüllt die gleiche Funktion.
Gegartes Hackfleisch sollten
Sie im Kühlschrank nicht
länger als 2 Tage lagern. Im
Tiefkühlgerät hält sich Hack
etwa 3 Monate.
Die Hackfleisch-Verordnung
schreibt vor, dass Hackfleisch
am Tag der Herstellung verkauft werden muss. Durch
diese strengen Vorschriften
können Sie also sicher sein,
dass Sie immer frisches Hackfleisch angeboten bekommen.

Für Wok, Pfanne und Grill

Hackfleisch-Mais-Taler
mit süßscharfer Sauce

Für die Taler

- 2 Brötchen vom Vortag
- 2 Lauchzwiebeln
- 1 Bund Petersilie
- 400 g Schweinehackfleisch
- 1 Dose Maiskörner (Abtropfgewicht 150 g)
- 1 Ei
- Jodsalz
- weißer Pfeffer
- 4 EL Sonnenblumenöl

Für die Sauce

- 1 Orange
- 2–3 EL Zitronensaft
- 300 g saure Sahne
- 6 EL Tomatenketchup
- 2 EL süßscharfe Chilisauce

Für 4 Personen
Zubereitungszeit: ca. 30 Min.

1 Beide Brötchen in eine Schüssel geben und in lauwarmem Wasser einweichen.

2 Lauchzwiebeln putzen, waschen und in Ringe schneiden. Petersilie abspülen und trockenschütteln. Die Blättchen hacken. Mais abtropfen lassen.

3 Brötchen gut ausdrücken und zerpflücken. Brötchen, Lauchzwiebeln, Petersilie und Mais mischen. Hackfleisch und Ei zugeben und mit Jodsalz und Pfeffer würzen. Alles mit den Händen zu einem Teig verkneten.

4 Teig in zwei Portionen teilen und jeweils zu einer Rolle formen. Rollen jeweils in 6 Stücke teilen und jedes Stück zu einem Taler formen.

5 Das Öl in einer Pfanne erhitzen und die Taler darin portionsweise bei mittlerer Hitze auf jeder Seite etwa 5 Minuten braten.

6 Inzwischen die Orange auspressen. Orangen- und Zitronensaft, saure Sahne, Ketchup und Chilisauce verrühren. Die Sauce zu den Hackfleisch-Mais-Talern reichen.

Hackfleischpfanne
mit Chinakohl

ZUTATEN

- 2 Knoblauchzehen
- 2 rote Paprikaschoten
- 4 Frühlingszwiebeln
- 1 Chinakohl (400 g)
- 4 EL Öl
- 400 g gemischtes Hackfleisch
- 6 EL Sojasauce
- etwas Salz
- etwas Cayennepfeffer
- ½ Bund Koriander, ersatzweise Petersilie

Für 4 Personen
Zubereitungszeit: ca. 20 Min.

1 Den Knoblauch schälen und fein würfeln. Die Paprikaschoten putzen, vierteln, entkernen, waschen und dann grob würfeln. Die Frühlingszwiebeln putzen, waschen und in schräge Röllchen schneiden. Anschließend den Chinakohl zerteilen, putzen, waschen und in etwa 2 cm breite Streifen schneiden.

2 Den Wok erhitzen. Das Öl hineingeben und sehr heiß werden lassen. Das Hackfleisch darin unter Rühren etwa 5 Minuten braun anbraten.

3 Knoblauch, Paprika und die weißen Zwiebelröllchen hinzufügen und unter Rühren einige Minuten mitbraten. Zuletzt die Kohlstreifen und das Grün der Frühlingszwiebeln untermischen und noch 2 Minuten braten. Mit Sojasauce, Salz und Cayennepfeffer würzen.

4 Den Koriander oder die Petersilie waschen und trockentupfen. Die Korianderblättchen nach Belieben ganz lassen. Die Petersilie fein schneiden. Vor dem Servieren über das Gericht streuen.

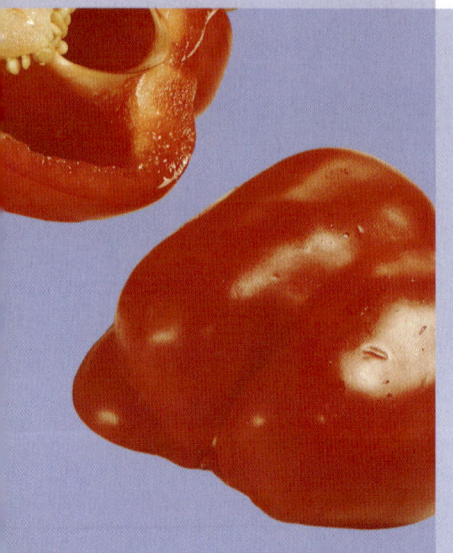

Tipp

Wenn Sie es einmal sehr eilig haben, können Sie auch Gemüse aus der Tiefkühltruhe nehmen. Sehr gut eignen sich TK-Frühlingsgemüse oder eine asiatische TK-Gemüsemischung. Geben Sie das Gemüse unaufgetaut in den Wok und dünsten Sie es bei mittlerer Hitze, sodass das Gemüse auftauen und garen kann. Zuvor gebratenes Fleisch zuletzt wieder dazugeben.

Gefüllte Frikadellen
mit Möhrensauce

ZUTATEN

Für die Kräuterfüllung

- 50 g Sonnenblumenkerne
- 1 Bund Basilikum
- 1 Bund Petersilie
- 1 Knoblauchzehe
- 40 g Parmesan (frisch gerieben)
- 3 EL Sonnenblumenöl

Für die Frikadellen

- 400 g gemischtes Hackfleisch
- 75 g Semmelbrösel
- 1 TL Senf
- 1 Ei
- Jodsalz und weißer Pfeffer
- 2 EL Sonnenblumenöl

Für die Möhrensauce

- 500 g Möhren
- 40 g Butter
- 200 ml Gemüsebrühe
- 3 EL Sahne
- Cayennepfeffer

Für 4 Personen
Zubereitungszeit: ca. 45 Min.

1 Für die Kräuterfüllung die Sonnenblumenkerne in einer Pfanne ohne Fett unter Rühren hellbraun rösten und im Mixer fein zerkleinern.

2 Basilikum und Petersilie waschen und trockenschütteln. Blättchen fein hacken und zu den Sonnenblumenkernen geben. Knoblauch abziehen und dazupressen. Parmesan und Sonnenblumenöl zugeben und alles gut mischen.

3 Für die Frikadellen Hack, Semmelbrösel, Senf und Ei verkneten und mit Salz und Pfeffer abschmecken.

4 Aus dem Fleischteig einen Laib formen und 8 Scheiben abschneiden. Die Kräuterfüllung in die Mitte geben und den Fleischteig um die Füllung herum formen. Die Frikadellen im heißen Öl etwa 12 Minuten braten.

5 Für die Sauce die Möhren schälen, waschen und in Scheiben schneiden. Butter in einem Topf zerlassen und die Möhren darin andünsten. Mit Gemüsebrühe auffüllen und im geschlossenen Topf bei mittlerer Hitze etwa 15 Minuten weich garen.

6 Möhren mit dem Schneidstab des Handrührers pürieren. Sahne zugeben und die Sauce mit Salz und Cayennepfeffer abschmecken. Die Sauce zu den Frikadellen servieren.

Hackfleisch-Gemüse-Pfanne

ZUTATEN

- 2 Schalotten
- 1 Bd. junge Möhren
- 200 g Zuckerschoten
- 3 EL Öl
- 400 g Hackfleisch
- 150 ml heißes Wasser
- 1 TL gekörnte Gemüsebrühe
- ½ TL Jodsalz
- Pfeffer
- ½ TL Thymian
- 5 EL Tomatenketchup

Für 4 Personen
Zubereitungszeit: ca. 40 Min.

1 Die Schalotten schälen und in Würfel schneiden. Die Möhren gut waschen und bürsten. In dünne Scheiben schneiden. Die Zuckerschoten waschen und nach Belieben quer halbieren.

2 Das Öl in einer Pfanne erhitzen. Die Zwiebeln darin bei mittlerer Hitze unter Rühren glasig braten. Das Hackfleisch dazugeben und unter häufigem Wenden anbraten. Die Möhren und die Zuckerschoten in die Pfanne geben und unter Wenden anbraten, bis die Schoten wachsgrün sind.

3 Das Wasser angießen und die gekörnte Brühe unterrühren. Den Pfanneninhalt mit Salz, etwas Pfeffer und dem Thymian würzen. Deckel auf die Pfanne legen und alles 5 Minuten kochen lassen. Zuletzt das Ketchup unter das Hackfleisch rühren und servieren. Als Beilage passen frisches Stangenweißbrot, Bandnudeln, Reis oder Kartoffelpüree.

Tipp

Frische Zuckerschoten können Sie am besten in der Zeit von Juni bis August kaufen. Wenn Sie keine bekommen, ersetzen Sie die Schoten durch Erbsen oder grüne Bohnen.

Pfannkuchentorte

ZUTATEN

Für die Pfannkuchen

- 200 g Weizenvollkornmehl
- Jodsalz
- 4 Eier
- Öl zum Backen

Für die Füllung

- 1 Zwiebel
- 1 Knoblauchzehe
- 2 EL Öl
- 300 g gemischtes Hackfleisch
- 600 g Pizzatomaten (aus der Dose)
- 250 g Mozzarella
- weißer Pfeffer

Für 4 Personen
Zubereitungszeit:
ca. 1,5 Std.

1 Das Mehl, ½ Teelöffel Jodsalz und ½ l Wasser verrühren. Zugedeckt etwa 30 Minuten quellen lassen.

2 Inzwischen die Zwiebel und den Knoblauch abziehen. Die Zwiebel fein würfeln.

3 Öl erhitzen. Zwiebel und Hack darin krümelig braten. Pizzatomaten zugeben, Knoblauch dazu pressen. Aufkochen und bei kleiner Hitze offen etwa 10 Minuten gerade eben kochen lassen.

4 Inzwischen den Mozzarella trockentupfen und in kleine Würfel schneiden. Hackfleischsauce mit Jodsalz und Pfeffer abschmecken, beiseite stellen.

5 Die Eier unter den Pfannkuchenteig rühren. 2 Esslöffel Öl erhitzen. Teig portionsweise zugeben und nacheinander etwa 10 dünne Pfannkuchen backen. Nach jedem Pfannkuchen wieder etwas Öl in die Pfanne geben.

6 Backofen auf 175 °C (Umluft 150 °C, Gas Stufe 2–3) vorheizen. Einen Pfannkuchen auf einen ofenfesten Teller (oder eine Platte) geben. Etwas Hackfleischsauce darauf verteilen und mit Mozzarella bestreuen.

7 Einen weiteren Pfannkuchen darauf legen. Füllung und Käse darauf verteilen und so verfahren, bis Pfannkuchen und Füllung aufgebraucht sind.

8 Den Pfannkuchenturm im heißen Backofen etwa 15 Minuten backen. In Stücke schneiden und servieren.

Türkische Kartoffel-Hackfleisch-Pfanne

ZUTATEN

- 600 g fest kochende Kartoffeln
- 400 g Spinat
- etwas Salz
- 1 Zwiebel
- 2 EL Speiseöl
- 400 g gemischtes Hackfleisch
- 2 TL Tomatenmark
- etwas schwarzer Pfeffer aus der Mühle
- etwas gemahlener Kreuzkümmel
- 200 g weicher Schafskäse
- 2 EL Butterschmalz
- 1 TL Mehl
- 200 g saure Sahne
- 1 TL Zitronensaft
- 1 Bund frische Minze

Für 4 Personen
Zubereitungszeit: ca. 1 Std.

1 Die Kartoffeln waschen und ungeschält in wenig Wasser zugedeckt in 25 – 30 Minuten gar kochen. Inzwischen den Spinat verlesen, putzen, waschen und in kochendem Salzwasser blanchieren. Kalt abschrecken und gut abtropfen lassen. Die Zwiebel abziehen und fein hacken.

2 Das Öl in einer Pfanne erhitzen, die Zwiebel darin anbraten. Das Hackfleisch zugeben und bröselig braten. Das Tomatenmark unterrühren und alles mit Salz, Pfeffer und Kreuzkümmel würzen.

3 Die Kartoffeln abgießen, pellen und kurz abkühlen lassen. Den Schafskäse mit den Fingern zerkrümeln und die Kartoffeln in dünne Scheiben schneiden.

4 Die Kartoffeln in 2 Portionen in je 1 Esslöffel Butterschmalz in einer tiefen beschichteten Pfanne knusprig braten. Alle Kartoffeln mit dem Spinat, dem Hackfleisch und dem Schafskäse vermischen. Das Mehl mit der sauren Sahne glatt rühren und locker unter die Kartoffeln ziehen. Alles nochmals kurz erhitzen und mit Salz, Pfeffer und Zitronensaft abschmecken. Die Minzeblättchen fein hacken und darüber streuen.

Tipp

Dazu passt besonders gut Gurkensalat, den Sie statt traditionell mit Dill auch einmal mit frischer Minze und Kreuzkümmel würzen können.

Hackfleisch-Zucchini-Spieße mit Joghurtsauce

1 1 Zitrone heiß abspülen und abtrocknen. Die Schale dünn abreiben. Thymian abspülen, trockenschütteln und die Blättchen abzupfen.

2 Zwiebel und Knoblauch abziehen. Zwiebel fein würfeln, Knoblauch hacken. 1 Esslöffel Öl erhitzen und die Zwiebel darin 2 Minuten unter Rühren braten.

3 Hackfleisch, Semmelbrösel und Ei in eine Schüssel geben. Zitronenschale, Thymian, Zwiebel und Knoblauch zugeben. Mit Jodsalz und Pfeffer würzen und zu einem glatten Teig verkneten. Aus dem Teig 16 Hackbällchen formen.

4 Zucchini abspülen, putzen und in 16 Scheiben schneiden. Cocktailtomaten abspülen.

5 Hackbällchen, Zucchini und Tomaten abwechselnd auf 8 Holzspieße stecken. Zucchinischeiben salzen und pfeffern.

6 Restliches Öl erhitzen und die Spieße darin rundherum anbraten. Hitze reduzieren und die Spieße auf jeder Seite etwa 4 Minuten braten.

7 Inzwischen den Schnittlauch abspülen, trockenschütteln und in Röllchen schneiden. Joghurt, Paprikapüree und Schnittlauch verrühren. Mit Salz, Pfeffer und einer Prise Zucker würzen, zu den Spießen servieren. Dazu passt Reis.

ZUTATEN

- 1 unbehandelte Zitrone
- ½ Bund Thymian
- 1 große rote Zwiebel
- 1 Knoblauchzehe
- 4 EL Öl
- 600 g Rinderhackfleisch
- 60 g Vollkorn-Semmelbrösel
- 1 Ei
- Jodsalz
- weißer Pfeffer aus der Mühle
- 300 g Zucchini
- 16 Cocktailtomaten
- 1 Bund Schnittlauch
- 150 g Joghurt
- 50 g Paprikapüree (Ajvar; türk. Lebensmittelgeschäft)
- Zucker

Für 4 Personen
Zubereitungszeit: ca. 30 Min.

Lammfrikadellen
auf Currylauch

ZUTATEN

Für die Frikadellen

- 100 g rote Linsen
- Jodsalz
- 3 Lauchzwiebeln
- 2 Knoblauchzehen
- 400 g Lammhackfleisch
- 2 EL Semmelbrösel
- 1 Ei
- 2 EL Tomatenmark
- 2 EL Joghurt
- ½ TL Paprikapulver edelsüß
- Cayennepfeffer
- 3 EL Butterschmalz

Für den Currylauch

- 4 Stangen Porree (etwa 750 g)
- 2–3 TL mildes Currypulver
- 125 ml Geflügelbrühe
- 200 g Schlagsahne
- 40 g Cashewnusskerne (geröstet und gesalzen)

Für 4 Personen
Zubereitungszeit: ca. 1 Std.

1 Linsen in reichlich Salzwasser etwa 6–8 Minuten gerade eben kochen lassen. Auf ein Sieb abschütten, kalt abbrausen und abtropfen lassen. Die Lauchzwiebeln putzen, waschen und in feine Ringe schneiden. Knoblauch abziehen.

2 Lammhack, Semmelbrösel, Ei, Tomatenmark und Joghurt in eine Schüssel geben. Lauchzwiebeln und Linsen zugeben. Knoblauch dazupressen.

3 Paprikapulver, ½ Teelöffel Jodsalz und eine kräftige Prise Cayennepfeffer zum Hack geben. Alles zu einem Teig verkneten. Aus dem Teig 8 Frikadellen formen.

4 Backofen auf 100 °C (Umluft 80 °C, Gas Stufe 1–2) vorheizen. Ein Backblech mit Küchenkrepp auslegen.

5 2 Esslöffel Butterschmalz erhitzen und die Frikadellen auf jeder Seite etwa 6 Minuten braten. Frikadellen auf dem Blech im Ofen warm halten.

6 Porree putzen, gründlich waschen und in etwa 1 cm dicke Ringe schneiden. Restliches Butterschmalz in die Pfanne geben und erhitzen.

7 Porreeringe zugeben und unter Wenden andünsten. Mit Currypulver bestäuben, Brühe zugeben und salzen. Zugedeckt bei mittlerer Hitze etwa 5 Minuten dünsten. Sahne zugießen und offen weitere 5 Minuten köcheln lassen.

8 Cashewnüsse grob hacken und über den Currylauch streuen. Mit den Frikadellen servieren. Dazu passen Salzkartoffeln.

Lammhackspieße
mit Safran-Mandel-Reis

ZUTATEN

- 1 kleine Knoblauchzehe
- 400 g Lammhackfleisch
- 2 TL Paniermehl
- 1 großes Ei
- 2 EL Korinthen
- 1 Msp. Koriander
- 1 Msp. Piment
- 1 Msp. Kreuzkümmel
- Jodsalz
- etwas schwarzer Pfeffer aus der Mühle
- 250 g Basmatireis
- 1 Msp. Safranfäden
- 80 g Butter
- 2 EL Olivenöl
- einige Zweige frische Zitronenmelisse
- 80 g Mandelblättchen

Für 4 Personen
Zubereitungszeit: ca. 50 Min.

1 Den Knoblauch schälen und fein hacken oder zerdrücken. Das Hackfleisch mit Paniermehl, Ei, Korinthen, Knoblauch und den Gewürzen vermengen. Mit Salz und Pfeffer würzen. Aus der Masse kleine Bällchen formen und auf Holzspießchen stecken.

2 Den Reis als Quellreis zubereiten. Dazu pro Tasse Reis 2 Tassen Wasser rechnen. Das Wasser leicht salzen, den Safran hineingeben, aufkochen und den Reis darin 12–15 Minuten bei geschlossenem Deckel schwach kochen lassen. Am Ende der Garzeit sollte der Reis das gesamte Wasser aufgenommen haben.

3 Etwas Butter und Öl in einer Pfanne erhitzen, die Lammspießchen darin portionsweise unter Wenden auf allen Seiten goldbraun braten, herausnehmen und zugedeckt warm halten.

4 Die Zitronenmelisse waschen, die Blättchen abzupfen und fein schneiden. Die Mandelblättchen in der Pfanne (ohne weitere Fettzugabe) kurz unter Wenden hellbraun anrösten. Spießchen und Reis auf 4 Tellern anrichten, mit den Mandelblättchen und der fein geschnittenen Zitronenmelisse garnieren.

Tipp

Wenn Sie einen Ofen mit Grill besitzen, können Sie die Spieße – alle auf einmal – auch prima unter dem Elektrogrill grillen. Bestreichen Sie die Spieße gut mit neutralem Pflanzenöl und grillen Sie sie auf einem gefetteten Blech von jeder Seite 7–8 Minuten.

Aus dem Ofen

Lasagne mit Apfel-Hack-Füllung

- 1 Zwiebel
- 2 Stangen Staudensellerie
- 100 g durchwachsener Speck
- 2 EL Öl
- 400 g gemischtes Hackfleisch
- 2 EL gehackte frische Kräuter (z. B. Petersilie, Majoran), alternativ getrocknete (z. B. Salbei, Rosmarin, Majoran)
- 100 ml Apfelsaft
- etwas gekörnte Brühe
- 500 g Tomaten aus der Dose (ohne Saft)
- Jodsalz
- Pfeffer
- 3 große säuerliche Äpfel, z. B. Boskop
- ¾ l Béchamelsauce (Fertigprodukt)
- 12 Lasagneblätter (vorgekocht)
- 150 g Mozzarella
- 100 g geriebener Gratinkäse
- Butterflöckchen

Für 4 Personen
Zubereitungszeit: ca. 1,5 Std.

1 Für die Füllung die Zwiebel schälen, den Sellerie waschen und putzen. Zwiebel, Sellerie und Speck fein würfeln.

2 Den Speck im Öl knusprig braten. Zwiebel und den Sellerie zugeben und kurz durchdünsten. Das Hackfleisch hinzufügen und unter Rühren braten, bis es krümelig ist.

3 Die Kräuter, den Apfelsaft, die gekörnte Brühe und die Tomaten hinzufügen, mit Salz und Pfeffer würzen und etwa 20 Minuten im offenen Topf unter gelegentlichem Rühren köcheln und dabei eindicken lassen.

4 Die Äpfel schälen, vierteln, Stiel, Blütenansatz und Kerngehäuse entfernen und das Fruchtfleisch in Scheiben schneiden.

5 Den Backofen auf 200 °C (Umluft 170 °C, Gas Stufe 3) vorheizen. Eine Auflaufform mit etwas Béchamelsauce ausgießen und mit 4 vorgekochten Lasagneblättern auskleiden. Die Hälfte der Apfelscheiben darauf geben, dann die Hälfte der Hackfleischfüllung darauf verteilen, mit Sauce übergießen. Noch einmal Lasagneblätter, Apfelscheiben, Füllung und Sauce darüber geben, mit den restlichen Lasagneblättern abschließen.

6 Mozzarella in Scheiben schneiden, zusammen mit dem geriebenen Käse und mit Butterflöckchen auf den Nudelblättern verteilen. Die Lasagne im Backofen etwa 40 Minuten überbacken, bis sie eine goldbraune Kruste hat.

Falscher Hase

ZUTATEN

- 2 Zwiebeln
- 50 g Butter
- 1 Bd. Petersilie
- 1 altbackenes Brötchen
- 375 g Hackfleisch aus
  250 g Schweinefleisch
  und 125 g Kalbfleisch
- 1 großes rohes Ei
  + 3 hart gekochte Eier
- Jodsalz
- Pfeffer
- etwas getrockneter
  Majoran
- 1 Prise gemahlener
  Koriander
- etwas fein abgeriebene
  Zitronenschale
- 1 Bd. Suppengemüse
- Paniermehl
- einige Stücke Brotrinde
- 4 EL Crème fraîche

Für 4 Personen
Zubereitungszeit: ca. 50 Min.
Backzeit: ca. 50 Min.

1 1 Zwiebel schälen, fein hacken und in 1 EL Butter glasig dünsten. Die Petersilie waschen, trockenschütteln und fein hacken. Das Brötchen in Wasser einweichen.

2 Das Brötchen gut ausdrücken. Das Hackfleisch mit Brötchen, Zwiebel, Petersilie, rohem Ei, Salz, Pfeffer, Majoran, Koriander und Zitronenschale gut durcharbeiten. Abschmecken.

3 Die gekochten Eier pellen. Den Fleischteig in 3 Portionen teilen und jede mit nassen Händen zu einem länglichen, glatten Wecken formen, dabei jeweils 1 Ei einhüllen.

4 Den Backofen auf 240 °C (Umluft 200 °C, Gas Stufe 4–5) vorheizen. Die restliche Butter in einen Bräter geben und im Ofen heiß werden lassen. Von der übrigen Zwiebel nur die äußersten Schalen abnehmen, die Zwiebel vierteln. Das Suppengemüse putzen und grob zerkleinern.

5 Die Fleischwecken in Paniermehl wenden und in das heiße Fett setzen. Das Gemüse und die Brotrinden zugeben und die Hackfleischwecken etwa 50 Minuten braten, dabei mehrmals mit dem Bratfett übergießen. Den Braten vorsichtig aus dem Bräter nehmen und warm stellen.

6 Den Bratensatz mit etwas Flüssigkeit loskochen. Die Sauce durch ein Sieb streichen und mit der Crème fraîche verfeinern. Mit Salz und Pfeffer abschmecken. Den Hackbraten in Scheiben geschnitten mit der Sauce servieren.

Gratinierte Nudelnester
mit Linsenbolognese

ZUTATEN

- 500 g Spaghetti
- etwas Salz
- 3 EL Sonnenblumenöl
- 1 Zwiebel
- 1 Knoblauchzehe
- 1 grüne Paprikaschote
- 12 Cocktailtomaten
- 400 g Rinderhack
- 1 Packung passierte Tomaten (500 g)
- 100 g rote Linsen
- etwas Pfeffer aus der Mühle
- 1 TL Paprikapulver edelsüß
- 1–2 Spritzer Tabasco
- 150 g frisch geriebener mittelalter Gouda
- 2–3 Zweige Basilikum

Für 4 Personen
Zubereitungszeit: ca. 45 Min.
Backzeit: ca. 20 Min.

1 Die Spaghetti in viel Salzwasser nach Packungsanleitung bissfest garen. In ein Sieb gießen und kalt abschrecken. Die Nudeln zurück in den Topf geben und 1 Esslöffel Öl untermischen, damit die Spaghetti nicht so stark aneinander kleben.

2 Die Zwiebel und den Knoblauch schälen und fein würfeln. Die Paprikaschote waschen, putzen und in kleine Würfel schneiden. Dann die Cocktailtomaten waschen, halbieren und die Stielansätze herausschneiden.

3 In einer Pfanne 1 Esslöffel Öl erhitzen. Die Zwiebel mit dem Knoblauch darin glasig braten. Das Hackfleisch hinzufügen und unter Rühren so lange braten, bis es krümelig ist. Die passierten Tomaten, Paprikawürfel und Linsen dazugeben. Alles zugedeckt etwa 10 Minuten garen und mit Salz, Pfeffer, Paprikapulver und Tabasco abschmecken.

4 Inzwischen den Backofen auf 200 °C (Umluft 170 °C; Gas Stufe 3) vorheizen und eine Gratinform (etwa 40 cm lang) mit 1 Esslöffel Öl einfetten. Die Spaghetti mit einer Gabel zu etwa 20 Nestern aufdrehen und dicht nebeneinander in die Form setzen. Die Hackfleischsauce vorsichtig in und um die Nester gießen. In jedes Spaghettinest eine Cocktailtomatenhälfte setzen und das Gratin mit dem Gouda bestreuen. Auf mittlerer Schiene etwa 20 Minuten backen.

5 Das Basilikum waschen und trockentupfen. Die Blättchen von den Stielen zupfen und in feine Streifen schneiden. Die Basilikumstreifen auf die überbackenen Nudelnester streuen.

Mangold-Hack-Schichtspeise

- 1 kg Mangold
- 1 Bd. Suppengrün
- 1 Schalotte
- 60 g Butter und Butter für die Form
- Jodsalz
- grob gemahlener Pfeffer aus der Mühle
- frisch geriebene Muskatnuss
- 1 altbackenes Brötchen
- 1/8 l lauwarme Milch
- 1 Schalotte
- 1 Bd. Schnittlauch
- 250 g Rinderhackfleisch
- 250 g rohe Kalbsbratwurst (grob)
- 1 Ei
- Jodsalz
- Pfeffer
- Muskat
- 4 dünne Scheiben Frühstücksspeck

Für 4 Personen
Zubereitungszeit: ca. 1 Std.
Backzeit: ca. 1 Std.

1 Mangold waschen, putzen und trockenschütteln. Die Stiele abschneiden und quer in schmale Streifen schneiden. Die Blätter beiseite legen. Suppengrün putzen, waschen und klein schneiden. Die Schalotten schälen und fein hacken.

2 40 g Butter erhitzen. Suppengrün und Schalotte darin 5 Minuten schmoren, die Mangoldstielstreifen dazugeben und alles weitere 5 Minuten dünsten. Mit Salz, Pfeffer und Muskatnuss würzen. Abkühlen lassen.

3 Das Brötchen grob würfeln. Milch erhitzen und über die Brötchenwürfel geben. 10 Minuten durchziehen lassen. Schalotte schälen und würfeln. Schnittlauch abbrausen, trockenschütteln und in feine Röllchen schneiden.

4 Hack, Kalbsbrät, Ei, ausgedrücktes Brötchen, Schalotte und Schnittlauch (bis auf einen Rest zum Garnieren) zu einem Fleischteig verarbeiten. Mit Salz, Pfeffer und Muskat kräftig würzen. Die Mangoldstiele untermischen.

5 Den Backofen auf 200 °C (Umluft 170 °C; Gas Stufe 3) vorheizen. Eine Auflaufform mit Butter ausstreichen. Mit der Hälfte der Mangoldblätter auslegen. Die Hackmasse darauf geben und mit den restlichen Mangoldblättern belegen. Den Speck in Streifen schneiden und mit der restlichen Butter in Flöckchen darauf geben. Mit Paniermehl bestreuen. Die Schichtspeise im vorgeheizten Backofen etwa 1 Stunde garen. (Eventuell mit Alufolie abdecken, damit die oberste Schicht nicht verbrennt.) Mit dem übrigen Schnittlauch bestreut servieren.

Gefüllte Paprika

ZUTATEN

- 4 große rote
  Paprikaschoten
- 1 Zwiebel
- 1 Knoblauchzehe
- 2 EL Olivenöl
- 100 g Risottoreis
- 250 g Lammhack
- 100 ml Rinderbrühe
- 1 Tetrapack passierte
  Tomaten (500 g)
- etwas Salz
- etwas schwarzer Pfeffer
  aus der Mühle
- 1/2 TL Rosenpaprika
- 1 TL Kräuter der Provence
- 100 g Schafskäse
- 200 g Mais (aus der Dose)
- 50 g frisch geriebener
  Pecorino

Für 4 Personen
Zubereitungszeit: ca. 45 Min.
Backzeit: ca. 40 Min.

1 Die Paprikaschoten waschen, trockentupfen, längs halbieren und putzen.

2 Die Zwiebel und die Knoblauchzehe schälen und fein hacken. Das Olivenöl in einer beschichteten hohen Pfanne erhitzen und darin die Zwiebel mit dem Knoblauch glasig braten. Den Reis hinzufügen und anschwitzen. Das Hackfleisch dazugeben und so lange braten, bis es krümelig ist.

3 Die Brühe und etwa die Hälfte der passierten Tomaten dazugießen. Alles mit Salz, Pfeffer und Paprikapulver sowie den Kräutern würzen und zugedeckt etwa 10 Minuten kochen lassen. Den Schafskäse fein würfeln und mit dem Mais in die Hackfleischmasse geben. Alles etwas einkochen lassen.

4 Den Backofen auf 200 °C (Umluft 170 °C; Gas Stufe 3) vorheizen und die restlichen passierten Tomaten in eine flache Auflaufform (etwa 30 cm lang) einfüllen. Die Tomaten salzen und pfeffern. Die Hackfleischmasse in die Paprikahälften füllen und diese dicht nebeneinander in die Tomatensauce setzen. Die gefüllten Schoten mit dem Pecorino bestreuen und alles auf mittlerer Schiene etwa 40 Minuten backen.

Polenta-Auflauf
mit Hackfleischsauce

ZUTATEN

Für die Polenta
- Jodsalz
- 200 g Maisgrieß (Polenta)
- 50 g Parmesan (frisch gerieben)

Für die Hackfleischsauce
- 1 Bund Suppengrün
- 2 Knoblauchzehen
- 3 EL Olivenöl
- 500 g gemischtes Hackfleisch
- 100 ml Gemüsebrühe
- 1 Dose Pizzatomaten (Füllmenge 400 g)
- ½ Bund Thymian
- ½ Bund Oregano
- weißer Pfeffer
- 100 g Butterkäse in dünnen Scheiben

Für 4 Personen
Zubereitungszeit: ca. 1 Std.
Backzeit: ca. 25 Min.

1 Einen halben Liter Wasser und ½ Teelöffel Jodsalz aufkochen. Maisgrieß einstreuen. (Vorsicht: Es kann spritzen!) Unter Rühren bei kleinster Hitze etwa 3 Minuten gerade eben kochen lassen.

2 Polenta vom Herd nehmen und den Parmesan unterrühren. Eine kleine Kastenform (Länge 22 cm) fetten, die heiße Polenta einfüllen, glatt streichen und abkühlen lassen.

3 Suppengrün putzen, waschen und in kleine Würfel schneiden. Knoblauch abziehen und hacken.

4 2 Esslöffel Olivenöl erhitzen und das Hackfleisch darin krümelig braten. Hackfleisch aus der Pfanne nehmen. Das restliche Öl in die Pfanne geben und Suppengrün und Knoblauch darin anbraten.

5 Hackfleisch, Brühe und Pizzatomaten zugeben. Alles bei kleiner Hitze offen etwa 10 Minuten gerade eben kochen lassen.

6 Thymian und Oregano abspülen und trockenschütteln. Blättchen abzupfen und grob hacken. Kräuter zur Sauce geben und alles mit Jodsalz und Pfeffer abschmecken. Backofen auf 200 °C (Umluft 170 °C, Gas Stufe 3) vorheizen. Eine Auflaufform fetten.

7 Polenta stürzen und in etwa 1 cm dicke Scheiben schneiden. Polentascheiben überlappend in die Form geben. Die Hacksauce darüber geben und mit dem Käse belegen. Den Auflauf etwa 25 Minuten backen.

Hackfleischpastete

ZUTATEN

- 300 g TK-Blätterteig
- 5 EL Butter
- 3 gewürfelte Zwiebeln
- 300 g Rinderhackfleisch
- 100 ml Weißwein
- Salz, Pfeffer
- 5 EL Semmelbrösel
- 1 Bd. gehackte Petersilie
- Fett für die Form
- 4 EL Mehl
- 150 ml Olivenöl

Für 4 Personen
Zubereitungszeit: ca. 1 ¼ Std.
Backzeit: ca. 30 Min.

1 Den Blätterteig auftauen lassen. Die Butter erhitzen und die Zwiebeln darin glasig braten.

2 Das Hackfleisch dazugeben und unter Rühren bei mittlerer Hitze krümelig braten. Mit Weißwein ablöschen und mit Salz und Pfeffer würzen.

3 Die Füllung zugedeckt etwa 10 Minuten bei milder Hitze ziehen lassen. Dann die Semmelbrösel untermengen. Zum Schluss die Petersilie dazugeben.

4 Den Backofen auf 200 °C vorheizen. Eine Kastenform (ca. 25 cm lang) ausfetten. Die Blätterteigplatten mit Mehl bestäuben, einzeln in Backformgröße ausrollen und jeweils die Oberseite mit Öl bepinseln.

5 Dreiviertel der Blätterteigplatten übereinander schichten und in die Form legen. Die Füllung gleichmäßig darauf verteilen und mit den übrigen Teigplatten bedecken. Mit dem restlichen Öl beträufeln. Die Pastete im Ofen in etwa ½ Stunde goldbraun backen.

Wirsing-Lamm-Auflauf

ZUTATEN

- 1 mittelgroßer Wirsingkohl (etwa 900 g)
- Jodsalz
- 2 rote Zwiebeln
- 1 Zitrone
- 250 ml Brühe
- 2 Scheiben Vollkorntoast
- 1 EL Butterschmalz
- 1 TL getr. Kräuter der Provence
- schwarzer Pfeffer aus der Mühle
- 400 g Lammhack
- 1 Ei
- 150 g Frühstücksspeck (Bacon)
- 200 g Schlagsahne
- 150 g saure Sahne

Für 4 Personen
Zubereitungszeit: ca. 45 Min.
Backzeit: ca. 80 Min.

1 Wirsing putzen und 8 äußere Blätter ablösen. Die Blattrippen flach schneiden. Blätter in kochendem Salzwasser 3 Minuten blanchieren, kalt abschrecken und abtropfen lassen.

2 Restlichen Wirsing vierteln und den Strunk herausschneiden. Viertel quer in fingerdicke Streifen schneiden. Zwiebeln abziehen und fein würfeln. Zitrone auspressen und den Saft mit der Brühe mischen. Toastbrot in kaltem Wasser einweichen.

3 Butterschmalz erhitzen, Zwiebeln darin anbraten. Wirsingstreifen zugeben und kurz mitbraten. Etwa 100 ml Zitronenbrühe zugießen und alles zugedeckt bei kleiner Hitze etwa 5 Minuten gerade eben kochen lassen. Kräftig mit Kräutern der Provence, Jodsalz und Pfeffer würzen. Beiseite stellen und abkühlen lassen.

4 Eine Auflaufform mit Deckel (Ø 24 cm) mit dem Speck auslegen. Blanchierte Wirsingblätter gründlich trockentupfen und so auf dem Speck auslegen, dass sie am Rand über die Form stehen.

5 Toastbrot ausdrücken und mit dem Lammhack und dem Ei verkneten. Lammhack und gedünsteten Wirsing mischen. Füllung auf die Wirsingblätter geben. Blätter über die Füllung klappen, leicht andrücken und mit der restlichen Zitronenbrühe begießen.

6 Form schließen und in den kalten Backofen stellen. Ofen auf 200 °C (Umluft 170 °C, Gas Stufe 3) schalten und den Auflauf 50 Minuten backen.

7 Schlagsahne und saure Sahne verrühren, über den Auflauf gießen und den Auflauf ohne Deckel weitere 30 Minuten backen.

Moussaka

ZUTATEN

- 1 Aubergine
- etwas Salz
- etwa $1/8$ l Olivenöl
- 400 g Kartoffeln
- 1 Zwiebel
- 400 g Lammhack
- etwas schwarzer Pfeffer
  aus der Mühle
- 400 g Tomaten
  (aus der Dose)
- 2 EL Weißwein
- 2 EL Tomatenmark
- ½ TL Zimtpulver
- 1 EL gehackte glattblättrige
  Petersilie
- 2 TL fein gehackte Minze
- etwas Öl
- 3 EL Butter
- 5 EL Mehl
- 300 ml Milch
- 50 g Bergkäse

Für 4 Personen
Zubereitungszeit: ca. 1 Std.
Backzeit: ca. 45 Min.

1 Die Auberginen waschen, trockentupfen und die Stielansätze entfernen. In ½ cm dicke Scheiben schneiden.

2 Einen Teil des Öls in einer Pfanne erhitzen und die Auberginenscheiben nach und nach von beiden Seiten darin anbraten. Wenn das Öl aufgesogen ist, erneut Öl in die Pfanne geben.

3 Die Kartoffeln waschen und in leicht gesalzenem Wasser gar kochen. Dann abdampfen lassen, pellen, etwas abkühlen lassen und in dünne Scheiben schneiden.

4 Die Zwiebel schälen und fein hacken. 2 Esslöffel Öl in einer Pfanne erhitzen, die Zwiebeln glasig und das Lammhackfleisch krümelig braten. Salzen und pfeffern.

5 Den Tomatensaft aus der Dose zum Hackfleisch geben. Die Tomaten klein schneiden und in die Pfanne geben. Alles erneut salzen und pfeffern. Mit Wein, Tomatenmark, Zimt, Petersilie und Minze abschmecken. Den Backofen auf 200 °C (Umluft 170 °C; Gas Stufe 3) vorheizen. Die Auflaufform (etwa 30 cm lang) mit Öl einfetten.

6 Auberginenscheiben, Kartoffelscheiben und Hackfleischmischung abwechselnd einschichten. Jede Auberginen- und Kartoffelschicht pfeffern. Mit Auberginenscheiben abschließen.

7 Die Butter in einem Topf zerlassen und das Mehl darin anschwitzen. Unter Rühren die Milch zufügen und die Sauce mit Salz und Pfeffer abschmecken. Die Sauce über die Moussaka gießen, den Käse darüber reiben und alles auf mittlerer Stufe etwa 45 Minuten backen.

Makkaroniauflauf
mit Béchamelsauce

ZUTATEN

- 300 g Makkaroni
- Salz
- 100 g Butter
- 300 g gemischtes Hack
- 2 große gewürfelte Zwiebeln
- 2 geschälte Tomaten (aus der Dose)
- Pfeffer aus der Mühle
- 150 ml Weißwein
- 1 EL gehackte Petersilie
- 6 EL Mehl
- 3 EL Butter
- 250 ml Milch
- 1 verquirltes Ei
- 1 EL Zucker
- 4 EL geriebener Hartkäse

Für 4 Personen
Zubereitungszeit: ca. 30 Min.
Backzeit: ca. 45 Min.

1 Die Makkaroni in kochendem Salzwasser in etwa 12 Minuten bissfest garen, dann abgießen und abtropfen lassen. Die Butter in einer Pfanne erhitzen und das Hackfleisch zusammen mit den Zwiebeln darin anbraten.

2 Die Tomaten dazugeben und mit einer Gabel zerdrücken. Das Ganze salzen, pfeffern und etwa 5 Minuten dünsten. Mit Wein ablöschen, gut umrühren und nochmals 10 Minuten garen. Die Petersilie unterziehen.

3 Den Backofen auf 200 °C vorheizen. Für die Béchamelsauce das Mehl in der Butter anschwitzen, unter ständigem Rühren die Milch langsam zufügen und die Sauce mit Salz abschmecken. Das Ei und den Zucker einrühren.

4 Die Makkaroni mit dem Hackfleisch vermischen und die Masse in eine große gefettete Auflaufform geben. Die Béchamelsauce gleichmäßig darüber verteilen und den Käse darüber streuen. Den Auflauf etwa 45 Minuten im Ofen backen.

Alles aus einem Topf

Hackfleisch-Sauerkraut-Topf

- 500 g Kartoffeln
- Jodsalz
- je 1 rote und grüne Paprikaschote
- 2 Zwiebeln
- 500 g Rinderhackfleisch
- 3 EL Butterschmalz
- 300 g Sauerkraut
- 2 TL Paprikapulver edelsüß
- 1 EL Kümmel
- weißer Pfeffer aus der Mühle
- eventuell ½ Bund Thymian

Für 4 Personen
Zubereitungszeit: ca. 45 Min.

1 Kartoffeln waschen, schälen und in grobe Würfel schneiden. Kartoffelwürfel in 800 ml Salzwasser etwa 15 Minuten zugedeckt kochen lassen.

2 Inzwischen die Paprika putzen, vierteln, entkernen und die Viertel in Stücke schneiden. Die Zwiebeln abziehen, längs halbieren und in ½ cm dicke Ringe schneiden.

3 Die Kartoffeln abgießen, das Kochwasser dabei auffangen. Butterschmalz in einem Bräter erhitzen und das Hackfleisch darin unter Rühren krümelig braten. Zwiebeln zugeben und kurz mitbraten.

4 Sauerkraut und Kartoffelwasser zugeben, aufkochen und bei kleiner Hitze etwa 10 Minuten zugedeckt kochen lassen. Paprika, Paprikapulver und Kümmel zugeben. Die Suppe aufkochen und weitere 7 Minuten kochen lassen.

5 Die Kartoffelwürfel zum Sauerkraut geben und erhitzen. Eintopf mit Jodsalz, Pfeffer und eventuell abgezupften Thymianblättchen abschmecken.

Tipp

Auf der Fensterbank Kümmelpflanzen ziehen: Einfach einen halben Teelöffel Kümmelkörner in einem Blumentopf mit Erde geben. Den Topf mit Klarsichtfolie verschließen und die Folie mehrfach einstechen. Auf der Fensterbank keimen die Samen schnell und wachsen zu filigranen Pflänzchen heran.

Pak-Choi-Rouladen
mit Tomatensauce

ZUTATEN

- 800 g Pak-Choi
- Jodsalz
- 2 Scheiben Vollkorntoast
- 2 Zwiebeln
- 400 g Beefsteak-Hack
- 2 Eier
- 1 TL Dijonsenf
- schwarzer Pfeffer
  aus der Mühle
- 5 EL Olivenöl
- 1 Dose Pizzatomaten
  (Füllmenge 400 g)
- 125 g Crème double
- Zucker

Für 4 Personen
Zubereitungszeit: ca. 1 Std.

1 Den Pak-Choi aufblättern und waschen. 4 große Pak-Choi-Blätter von den Stielen schneiden und 1 Minute in kochendem Salzwasser kochen lassen. Blätter kalt abschrecken und abtropfen lassen.

2 Restliche Pak-Choi-Blätter von den Stielen schneiden. Grün hacken, Stiele schräg in etwa 5 cm lange Stücke schneiden. Dicke Stiele eventuell längs halbieren.

3 Vollkorntoast in kaltem Wasser einweichen. Ausgedrückten, zerpflückten Toast, Hackfleisch, Eier, Senf und Pak-Choi-Grün verkneten. Mit Salz und Pfeffer würzen.

4 Den Teig in 4 Portionen teilen. Je eine Portion in ein Pak-Choi-Blatt einrollen und beiseite stellen.

5 Zwiebeln abziehen und fein würfeln. 3 Esslöffel Olivenöl in einem Bräter erhitzen und die Zwiebelwürfel darin andünsten. Pizzatomaten zugeben, aufkochen, salzen und pfeffern. Rouladen auf die Tomaten setzen. Bräter schließen und die Rouladen bei mittlerer Hitze etwa 35 Minuten garen.

6 Inzwischen restliches Olivenöl erhitzen. Pak-Choi-Stiele darin kurz anbraten, salzen und im geschlossenen Topf etwa 5 Minuten dünsten, dabei eventuell etwas Wasser zugeben.

7 Die Rouladen aus dem Bräter nehmen und warm stellen. Crème double in die Tomatensauce rühren und etwas einkochen lassen. Mit Jodsalz, Pfeffer und einer Prise Zucker abschmecken. Rouladen auf der Tomatensauce anrichten. Die Stiele dazu reichen.

Pilz-Frikadellen-Topf

ZUTATEN

Für die Frikadellen

- 1 Bund Schnittlauch
- 1–2 Knoblauchzehen
- 500 g gemischtes Hackfleisch
- 40 g Semmelbrösel
- 1 Ei
- 3 TL Tomatenmark
- Jodsalz
- weißer Pfeffer
- 3 EL Butterschmalz

Für das Gemüse

- 500 g Champignons
- 400 g Zwiebeln
- 600 g kleine Kartoffeln
- 10 g getr. Steinpilze
- 1 Bund Thymian
- ½ Bund Majoran
- 300 ml Brühe
- 2 EL Zitronensaft

Für 4 Personen
Zubereitungszeit: ca. 1,5 Std.

1 Knoblauch abziehen, Schnittlauch abspülen, trockenschütteln und in Röllchen schneiden.

2 Hackfleisch, Semmelbrösel und Ei in eine Schüssel geben. Schnittlauch, Tomatenmark, ½ Teelöffel Jodsalz und eine kräftige Prise Pfeffer zugeben. Knoblauch dazupressen.

3 Mit den Knethaken des Handrührers zu einem Teig verarbeiten. Mit feuchten Händen etwa 24 runde Frikadellen drehen.

4 2 Esslöffel Butterschmalz in einer Pfanne erhitzen und die Frikadellen darin rund herum anbraten. Aus dem Fett nehmen und beiseite stellen. Einen Tontopf wässern.

5 Pilze mit einer Pilzbürste oder mit Küchenpapier säubern. (Pilze nicht waschen, sonst saugen sie sich voll Wasser!) Pilze vierteln. Zwiebeln abziehen, halbieren und längs in Spalten schneiden.

6 Steinpilze hacken. Thymian und Majoran abspülen, trockenschütteln und mit den zarten Stielen hacken. Steinpilze und Kräuter mischen.

7 Restliches Butterschmalz in die Pfanne geben. Pilze und Zwiebeln darin portionsweise braten.

8 Kartoffeln schälen und vierteln oder würfeln. Frikadellen, Pilze, Zwiebeln, Kartoffeln und Steinpilz-Kräuter-Mischung in den Tontopf schichten.

9 Tontopf schließen und in den kalten Backofen stellen. Bei 225 °C (Umluft 200 °C, Gas Stufe 4) etwa 1 Stunde schmoren lassen.

Kürbis-Hack-Ragout

ZUTATEN

- 600 g Kürbis
- 2 rote Zwiebeln
- ½ Bund Thymian
  (oder 1 TL getrockneter)
- 2 TL Kümmel
- 750 g gemischtes
  Hackfleisch
- 2 EL Butterschmalz
- Jodsalz
- weißer Pfeffer
  aus der Mühle
- 1 EL Tomatenmark
- 250 ml Brühe
- 1 Bund Petersilie
- 1 Bund Schnittlauch
- 200 g Schmand
- rote Tabascosauce

Für 4 Personen
Zubereitungszeit: ca. 45 Min.

1 Den Kürbis abspülen und das weiche Kürbis-Innere und die Kerne mit einem Löffel entfernen. Kürbisfleisch eventuell schälen und würfeln.

2 Zwiebeln abziehen und würfeln. Thymian abspülen und mit den zarten Stielen hacken.

3 Kümmel in einer Pfanne ohne Fett unter Rütteln rösten, bis er duftet. Herausnehmen.

4 Butterschmalz in einem Schmortopf erhitzen. Hackfleisch und Zwiebel darin krümelig braten. Kürbiswürfel untermischen.

5 Tomatenmark, Thymian, Kümmel und Brühe zugeben, mit Jodsalz und Pfeffer würzen. Zugedeckt bei kleiner Hitze etwa 15 Minuten köcheln lassen.

6 Petersilie und Schnittlauch abspülen und trockenschütteln. Petersilienblättchen hacken und beiseite stellen. Schnittlauch in Röllchen schneiden.

7 Schmand glatt rühren, leicht salzen und pfeffern. Schnittlauch untermischen. Die gehackte Petersilie unter das Ragout mischen und mit wenigen Spritzern Tabasco würzig abschmecken.

Tipp

Für dieses Gericht eignet sich am besten der Hokkaido-Kürbis. Er hat festes Fruchtfleisch, das im Geschmack an Maronen erinnert. Wenn Sie eine andere Sorte mit weicherem Fruchtfleisch verwenden, kann sich die Garzeit etwas verringern.

Gefüllte Kohlrabi

ZUTATEN

- 8 mittelgroße junge Kohlrabi
- Jodsalz
- 1 Bund Schnittlauch
- 300 g Hackfleisch
- 1 EL Butterschmalz
- 1 TL eingelegte grüne Pfefferkörner
- 1 Ei
- 100 g geriebener Emmentaler
- 2 EL Butter
- 250 ml Gemüsebrühe
- 4 EL Crème fraîche
- 1 TL Mehl
- etwas Tomatenmark
- Pfeffer aus der Mühle

Für 4 Personen
Zubereitungszeit: ca. 1¼ Std.

1 Die Kohlrabi waschen, die zarten Blätter abschneiden und beiseite legen. Die Kohlrabi putzen, schälen und in kochendem Salzwasser etwa 5 Minuten blanchieren. Herausheben, etwas abkühlen lassen, einen Deckel abschneiden und die Knollen aushöhlen.

2 Die Kohlrabiblättchen klein schneiden. Den Schnittlauch waschen, trockenschütteln und in Röllchen schneiden. Das herausgelöste Kohlrabifruchtfleisch fein würfeln und zusammen mit dem Hackfleisch im heißen Butterschmalz anbraten, bis das Fleisch krümelig und aller Saft verdampft ist.

3 Die Pfefferkörner zerdrücken. Mit dem klein geschnittenen Grün – bis auf 2 Esslöffel Schnittlauch für die Garnitur –, etwas Salz und dem Pfeffer unter die Hackfleischmasse mengen. Die Masse etwas abkühlen lassen. Das Ei mit dem geriebenen Käse verrühren und untermischen.

4 Die Hackfleischmischung in die ausgehöhlten Kohlrabi füllen. Die Butter in einem weiten Topf und die Kohlrabi darin leicht andünsten. Die Brühe angießen und die Kohlrabi bei aufgelegtem Deckel etwa 25 Minuten garen. Die Kohlrabi aus der Form nehmen und warm stellen.

5 Den größten Teil der Crème fraîche in die Garflüssigkeit rühren. Das Mehl mit etwas kaltem Wasser anrühren und die Sauce damit binden, mit etwas Tomatenmark verfeinern und nach Belieben mit Salz und Pfeffer abschmecken. Die gefüllten Kohlrabi auf Teller setzen, die restliche Crème fraîche darauf geben, die Sauce angießen und das Gericht mit dem restlichen Schnittlauch garnieren. Als Beilage schmecken Kartoffelmus mit viel Schnittlauch und ein Tomatensalat.

Chili con Carne

- 1 Gemüsezwiebel
- 1–2 Knoblauchzehen
- 1 grüne Paprikaschote
- 2 EL Olivenöl
- 500 g Rinderhackfleisch
- 800 g geschälte Tomaten
- 800 g rote Bohnen
  (Bruttogewicht; 2 Dosen)
- 1 EL Tomatenmark
- Jodsalz
- schwarzer Pfeffer
  aus der Mühle
- 1 Spritzer roter Tabasco
- 1 Prise Zucker
- etwas Chilipulver
- 1 TL getrockneter Oregano
- 1 TL gem. Kreuzkümmel
- gekörnte Fleischbrühe
- 1 Bund Koriander
- 500 g Eiertomaten

Für 4–6 Personen
Zubereitungszeit: ca. 55 Min.

1 Die Zwiebel und den Knoblauch schälen und fein hacken. Die Paprikaschote putzen, waschen und klein schneiden.

2 Das Öl in einem großen Topf erhitzen und Zwiebeln, Knoblauch und Paprikaschote darin andünsten.

3 Das Hackfleisch hinzufügen und unter Rühren krümelig braten. Die Tomaten mit dem Saft dazugeben und im Topf zerdrücken. Die Bohnen ebenfalls mit der Flüssigkeit zugeben. Das Tomatenmark und alle Gewürze in den Eintopf einrühren.

4 Das Chili zugedeckt etwa 30 Minuten köcheln lassen. Nach Bedarf Wasser zugeben, sodass es immer eine sämige, nicht zu trockene Konsistenz hat. Mit der gekörnten Brühe abschmecken.

5 Den Koriander waschen, trockenschütteln und hacken. Die Tomaten waschen und in Scheiben schneiden. Das Chili in eine vorgewärmte Servierschüssel füllen oder in vorgewärmte tiefe Portionsteller. Mit den Tomatenscheiben belegen und mit dem Koriander bestreuen.

Tipp

Besonders raffiniert schmeckt das Chili, wenn Sie zusätzlich 1 Lorbeerblatt mitkochen und zum Schluss 8–10 schwarze entsteinte Oliven unter das Chili rühren.

Kartoffel-Gemüse-Eintopf
mit Hackfleisch

Foto auf Seite 2

ZUTATEN

- 600 g Kartoffeln
- 1 große Stange Lauch
- 4 vollreife Tomaten
- 1 kleine Gemüsezwiebel
- 3 EL Öl
- 400 g gemischtes Hackfleisch
- ca. 400 g gegarte Kichererbsen (Dose)
- 1 TL getrockneter Rosmarin
- 1 TL getrockneter Thymian
- Paprikapulver edelsüß
- Jodsalz
- schwarzer Pfeffer aus der Mühle
- ³⁄₄ l Gemüsebrühe
- 1 Bd. glatte Petersilie
- 4 EL saure Sahne

Für 4 Personen
Zubereitungszeit: ca. 70 Min.

1 Die Kartoffeln schälen, waschen und grob würfeln. Den Lauch putzen, waschen und in Ringe schneiden. Die Tomaten über Kreuz einritzen, mit kochend heißem Wasser überbrühen, kalt abschrecken, vom Stielansatz befreien, enthäuten und vierteln. Die Zwiebel schälen und grob hacken.

2 Das Öl in einem großen Topf erhitzen und das Hackfleisch darin krümelig braten. Die Zwiebel dazugeben und glasig braten. Dann Kartoffeln und Lauch hinzufügen und andünsten.

3 Die Kichererbsen abtropfen lassen und zusammen mit den Tomaten dazugeben. Rosmarin, Thymian, Paprikapulver einrühren, mit Salz und Pfeffer aus der Mühle abschmecken. Die Brühe angießen. Alles vorsichtig verrühren und dann zugedeckt 25–30 Minuten köcheln lassen.

4 Die Petersilie waschen, trockenschütteln und hacken. Den Eintopf portionieren, jede Portion mit 1 Esslöffel saurer Sahne garnieren und mit Petersilie bestreuen.

Tipp

Fleisch spielt in der Ernährung heranwachsender Kinder wegen seines Eisengehaltes eine wichtige Rolle. Und mit Hackfleisch decken Sie den Bedarf an hochwertigem tierischem Eiweiß ausgesprochen preiswert.

Rezeptregister

Abkürzungen

TL = Teelöffel
EL = Esslöffel
Msp. = Messerspitze
g = Gramm
kg = Kilogramm
ml = Milliliter
l = Liter
cm = Zentimeter
ca. = circa
°C = Grad Celsius
Ø = Durchmesser
Std. = Stunde(n)
Min. = Minute(n)
TK- = Tiefkühl-
gem. = gemahlen

Hinweis

Die Backofentemperaturen beziehen sich auf den Elektroherd mit Ober- und Unterhitze. Wenn Sie mit Umluft arbeiten, reduzieren Sie die Temperatur um 15 bis 20 Prozent. Die Backzeit bleibt gleich. Die Umrechnung von °C-Angaben auf Temperaturstufen von Gasherden entnehmen Sie bitte der Gebrauchsanleitung des Geräteherstellers.

Impressum

ISBN: 978-3-8094-3345-3

1. Auflage 2014

© by Bassermann Verlag, einem Unternehmen der Verlagsgruppe Random House GmbH, 81673 München

Die Verwertung der Texte und Bilder, auch auszugsweise, ist ohne Zustimmung des Verlags urheberrechtswidrig und strafbar. Dies gilt auch für Vervielfältigungen, Übersetzungen, Mikroverfilmung und für die Verarbeitung mit elektronischen Systemen.

Umschlaggestaltung: Atelier Versen, Bad Aibling
Rezept- und Aufmacherfotos: Klaus Arras: 2, 4/5, 6, 9, 10/11, 15, 16/17, 18/19, 20/21, 23, 24/25, 26/27, 29, 31, 35, 36, 39, 40, 43, 46, 48/49, 50/51, 53, 55, 56/57, 59, 60/61, 62; Michael Feiler, Karlsruhe: 13, 33, 45; Wolfgang Feiler, Karlsruhe: 37; Falken Archiv: 12; Damir Begovic, Hamburg: 41, 47
Rezepte: Kay-Henner Menge; Claudia Schmidt; Bassermann Archiv
Layout: Büro Norbert Pautner, Berlin

Die Ratschläge in diesem Buch sind von den Autoren und vom Verlag sorgfältig erwogen und geprüft, dennoch kann eine Garantie nicht übernommen werden. Eine Haftung der Autoren bzw. des Verlags und seiner Beauftragten für Personen-, Sach- und Vermögensschäden ist ausgeschlossen.

Satz dieser Ausgabe: Nadine Thiel, kreativsatz
Druck: Druckerei Theiss, St. Stefan

Printed in Austria

Verlagsgruppe Random House FSC® N001967

Das für diesen Titel verwendete FSC®-zertifizierte Papier *Profimatt* wurde produziert von Sappi Ehingen.